Bibliographic information published by the German National Library:

The German National Library lists this publication in the National Bibliography; detailed bibliographic data are available on the Internet at http://dnb.dnb.de .

Imprint:

Copyright © 2014 GRIN Verlag, Open Publishing GmbH
Print and binding: Books on Demand GmbH, Norderstedt Germany
ISBN: 9783668363861

This book at GRIN:

http://www.grin.com/es/e-book/346483/el-preterito-perfecto-simple-y-el-preterito-perfecto-compuesto-en-comparacion

Alexia Soraia Pimenta Gomes Zonca

El "pretérito perfecto simple" y el "pretérito perfecto compuesto" en comparación con el "passato remoto" y "passato prossimo" en italiano

GRIN Publishing

GRIN - Your knowledge has value

Since its foundation in 1998, GRIN has specialized in publishing academic texts by students, college teachers and other academics as e-book and printed book. The website www.grin.com is an ideal platform for presenting term papers, final papers, scientific essays, dissertations and specialist books.

Christian Albrechts – Universität zu Kiel

Seminario románico

FACH 2.1 Einführung in die spanische Sprachwissenschaft II –
Intercomprensión románica: del castellano al portugués y el catalán

Semestre invernal 2014/2015

El *pretérito perfecto simple* y el *pretérito perfecto compuesto* en comparación con el *passato remoto* y *passato prossimo* en italiano

Alexia Soraia Pimenta Gomes Zonca

Índice de materias

1. Introducción

Una de las dificultades más grandes en aprender el español para muchos es la diferencia entre el *Pretérito perfecto* (he hablado) y el *Indefinido* (hablé). Para los hablantes en algunas partes de la Romania, como por ejemplo en Italia, la dificultad está en el facto de que sus idiomas tienen también formas de pretérito simples y compuestas, pero son utilizadas de una manera diferente que en el español estándar.

Lo que hace especialmente difícil al aprendizaje de la norma estándar es que la mayoría de los hispanohablantes no se atienen a estas normas. Así se encuentran diferencias entre el uso de los pretéritos en algunos países de América Latina y España peninsular.

Con este trabajo se pretende el estudio de la oposición entre las formas verbales del *pretérito perfecto simple* (también conocido como *Indefinido*) y del *pretérito perfecto compuesto* en la lengua castellana. Para mostrar la diferencia en el territorio románico estos tiempos serán comparados con los equivalentes del italiano, el *passato remoto* y el *passato prossimo*.

Por comenzar se hará una pequeña excursión en el perfecto del latín clásico. Así se verá como se crearon las dos formas de pretérito perfecto en español y en italiano. Después se explicarán las normas estándar por medio del uso de estos tiempos en los dos idiomas y se verá si estas normas se reflejan en la realidad o si hay diferencias en el uso. Gracias a estas informaciones se podrá explicar la dificultad que tienen los italianos al aprender el español cuando se trata de utilizar correctamente estos dos tiempos del pasado. Por último se hará un resumen de los resultados de este estudio.

2. Los verbos en el latín clásico

En latín clásico, el sistema verbal se realiza en tres partes: el *infectum*, por los tiempos presentes, el *perfectum*, por los tiempos pasados, y el *supinum*, del cual se creó el participio pasado románico. Pero en el siguiente trabajo será de importancia solo el *perfectum*.

2.1 El origen latín de las dos formas de pasado

En el latín clásico el pretérito podía tener en algunas circunstancias también el valor de presente perfecto.[1]

1) valor de presente perfecto: puede expresar una anterioridad inmediata al presente, osea un pasado cercano, donde el resultado continúa en el presente.

2) valor de pretérito: Puede expresar un pasado, también lejos, y sin relación con el presente.

Así que en latín clásico en ambos casos se usaría por ejemplo la forma DIXI por expresar dos conceptos diferentes.

2.2 Pretérito perfecto compuesto

Como hemos ya visto, en el latín clásico existía sólo una forma sintética del perfecto.[2] Para caracterizar el primer significado ya en el latín clásico se creó una perífrasis verbal de carácter Resultativo[3] que dio origen a las actuales formas compuestas de las lenguas románicas[4].

Ejemplo 1: COMPERTUM HABEO, it. 'ho saputo', esp. 'he conocido' (literalmente: it. 'possiedo la notizia saputa', esp. 'poseo la noticia conocida')

---

[1] Cf. Martínez-Atienza, María: *Dos formas de oposición en el ámbito románico entre el pretérito perfecto compuesto y el pretérito perfecto simple*, en: Carrasco Gutiérrez, Ángeles: *Tiempos compuestos y formas verbales complejas*. Madrid 2008 , pp. 203-230, aquí p- 207.
[2] Lengua analítica: "Lengua que reproduce varios componentes conceptuales en una palabra; contraposición: lengua sintética." (en: Werner, Abraham: *Diccionario de terminología lingüística actual*. Madrid 1981, p. 59.)
[3] El valor Resultativo: "estado presente resultante de una acción anterior." (en: Martínez-Atienza (2008), p. 209).
[4] Cf. Martínez-Atienza (2008), p. 204.

Ejemplo 2: EPISTULAM SCRIPTAM HABEO (literalmente: it. 'possiedo adesso la lettera prima scritta', esp. 'poseo ahora la carta antes escrita')

El significado se refiere al presente, pero es el resultado de un hecho anterior y cumplido. Esta perífrasis toma el significado de la primera función del perfecto latín. Así que los dos conceptos diferentes no se expresaban más solo con una forma verbal, sino con una forma perifrásica y con el pretérito.

Mientras que inicialmente esta forma perífrasica tenía un valor Resultativo, con el tiempo esta forma se evolucionó en el valor de Aoristo[5].

La creación de las perífrasis para expresar una anterioridad tiene unas consecuencias por todo el sistema verbal. Algunos verbos del latín clásico no tenían un participio pasado (por ejemplo ESSE, POSSE, STARE), pero a través de la creación de estructuras verbales analíticas resultó ser necesario la creación de un participio pasado por cada verbo. Pero todavía hay algunas carencias en el idioma italiano, por ejemplo en los llamados verbos defectivos o impersonales como *divergere* y *stridere*.[6]

En lo que concierne los verbos auxiliares hay diferencias entre el italiano y el español. En italiano el verbo HABERE se queda con su significado semántico originario (como en latín clásico) y es también verbo auxiliar.

Ejemplo 1 (italiano): 'Ho scritto la lettera' – significado gramaticalizado

Ejemplo 2 (italiano): 'Ho molti libri' – significado semántico originario

Mientras el español utiliza el verbo 'haber' solo exclusivamente como auxiliar y es sustituido por "tener" en su significado semántico originario:

Ejemplo 1 (español): 'He escrito la carta' – significado gramaticalizado

Ejemplo 2 (español): 'Tengo muchos libros' – sustitución del significado semántico originario por "tener"

Las formas compuestas en el italiano contemporáneo mantienen un doble sistema de auxiliares: haber para los verbos transitivos y ser para los no

---

[5] El valor de Aoristo: "focalización del evento completo, desde su inicio hasta su final." (en: Martínez-Atienza (2008), p. 207).
[6] Cf. Maiden, Martin: *Storia linguistica dell'italiano*. Bolonia 1998, p. 136.

transitivos. El español actual con el tiempo ha generalizado el uso exclusivo de haber como auxiliar de las formas compuestas.[7]

Una otra diferencia en la evolución de las dos lenguas románicas es la concordancia en género y número. El participio perfecto latín tenía una función predicativa referida al objeto del predicado, con el que concordaba en género y número. Con el tiempo el español ha perdido esta concordancia del participio, mientras el italiano la ha conservada con el auxiliar 'ser' y en determinados contextos también con el auxiliar 'haber'.

Ejemplo (español): *La* hemos vis*to* en el cine.

Ejemplo (italiano): *L*'abbiamo vis*ta* al cinema. (l'= la)

2.3 Pretérito perfecto simple

Como fue explicado anteriormente, en el latín clásico el pretérito podía tener también el valor de presente perfecto.

Inicialmente este pretérito latín solía aparecer acompañado de adverbios temporales de pasado y era el tiempo verbal por excelencia de la narración.[8] En la evolución del latín a las lenguas románicas este valor de pretérito prevaleció el valor del presente perfecto. Todavía el valor de pretérito como un pasado sin relación con el presente se ha preservado en algunas lenguas románicas.

De modo que mientras que la perífrasis verbal construida por el auxiliar HABERE y por el participio se evolucionó en un valor diferente, en la forma que hemos tratado ahora existía una convivencia de los dos valores.[9]

---

[7] Martínez-Atienza (2008), p. 209.
[8] Martínez-Atienza (2008), p. 207.
[9] Martínez-Atienza (2008), p. 208.

3. Como se emplean hoy estos dos tiempos y ¿por qué su uso resulta ser difícil?

La Accademia Della Crusca, la RAE de Italia, explica el uso de los dos tiempos (*passato remoto* y *passato prossimo*) de esta manera:

> "La scelta del passato prossimo e del passato remoto non dipende dalla distanza temporale degli avvenimenti; dipende dalla collocazione che diamo a questi rispetto al momento in cui ne parliamo e dal "punto di vista" dal quale li consideriamo, cioè dall'atteggiamento con cui percepiamo il passato. Usiamo il passato prossimo per esprimere un'azione compiuta o un accadimento che "lasciano tracce" nel presente. Usiamo il passato remoto per manifestare il distacco, e quindi la lontananza, di tali avvenimenti dal momento in cui ne parliamo."[10]

Así que el uso del pretérito compuesto (*passato prossimo*) e del pretérito simple (*passato remoto*) depende del punto de vista del hablante, si él ve el acontecimiento como algo que tiene una influencia en el presente o si lo ve como algo que no tiene a que ver con el tiemplo de habla. No hay una regla fija para el uso.

La norma estándar española prevé el uso de los dos tiempos como lo siguiente:

> "El pretérto compuesto en español peninsular contemporáneo es un tiempo que expresa un acontecimiento pasado (en oposición con el presente), visto como completo (en oposición – indirecta – con el imperfecto), ocurrido no siempre pero muy a menudo en un periodo de tiempo bastante reciente y ligado de alguna manera al presente (en oposición con el perfecto simple).[11]"

> "El pretérito simple expresa también un acontecimiento pasado, visto como completo, pero sin vinculación particular con el presente.[12]"

Pero como en el resto de la Romania, el uso real de los pretéritos difiere mucho de estas descripciones. Muchos lingüistas que han estudiado el uso del pasado en los territorios románicos señalan importantes discrepancias entre la norma y el uso efectivo.

---

[10] http://www.accademiadellacrusca.it/it/lingua-italiana/consulenza-linguistica/domande-risposte/sulluso-passato-remoto. (acceso: 05.03.2015).
[11] Thibault, André: *Perfecto simple y perfecto compuesto en español preclásico*. Tubinga 2000, p. 11.
[12] Thibault (2000), p. 11.

En general en la Romania se pueden distinguir tres conjuntos por el uso de pretérito simple y pretérito compuesto: primero, un grupo septentrional que no usa más la forma simple en la lengua hablada; segundo, un grupo central que utiliza ambos pretéritos ; tercero, un grupo meridional que utiliza mucho más la forma simple que la compuesta.[13] El italiano septentrional (norte-central) se abarca en el primer grupo. En este territorio el pretérito perfecto compuesto describe acciones pasadas no necesariamente recientes. Paralelamente, el pretérito perfecto simple suele quedar limitado a los registros formales.[14] En el segundo grupo se abarcan el español peninsular y académico y el italiano toscano escrito y normativo. En estos territorios el pretérito perfecto compuesto describe acciones pasadas recientes o conectadas con el momento del habla mientras el pretérito perfecto simple describe acciones pasadas que no tienen relación con el presente. Al final ciertas zonas periféricas (p.e. Galicia y Asturias) donde se habla un español regional y unos países sudamericanos como Bolivia y el noroeste argentino forman parte del tercer grupo que prefere el uso de la forma simple en vez del uso de la forma compuesta. En estos territorios el pretérito perfecto compuesto aparece en contextos marcados aspectualmente como durativos o iterativos mientras el pretérito simple es utilizado por acontecimientos pasados y terminados incluso cuando el acontecimiento ha tenido lugar en un pasado reciente.[15]

Entonces, en las lenguas románicas no hay siempre la oposición entre el pretérito perfecto compuesto y el pretérito compuesto simple porque hay partes donde estos dos tiempos pueden ser fácilmente sustituidos entre ellos.

Así que la dificultad en el uso de los dos tiempos pasados no está necesariamente en la norma, dado que esta es similar a la del español estándar y a la del italiano estándar. Lo que dificulta el uso correcto de los tiempos en español por parte de los italianos es la variedad en el territorio hispanohablante y los regionalismos mismos italianos que pudieran confundir al hablante.

---

[13] Cf. Thibault (2000), p. 2.
[14] Cf. Carrasco Gutiérrez: *Tiempos compuestos y formas verbales complejas.* Madrid 2008, p. 16.
[15] Cf. Thibault (2000), p. 12.

4. Resumen

En este trabajo hemos visto el origen de dos tiempos pasados españoles y hemos explicado la diferencia entre ellos. El pretérito simple y el pretérito compuesto provienen ambos del pretérito latín. Ya en latín clásico el pretérito tenía dos valores. El pretérito perfecto compuesto odierno se origina del valor que expresaba una anterioridad inmediata y fue cambiado durante el transcurso del tiempo por una perífrasis verbal de carácter Resultativo, osea que expresaba el resultado de una acción anterior. Hoy el valor del pretérito compuesto se ha cambiado en el sentido de que este tiempo focaliza un evento completo en el arco de un periodo. El segundo valor del pretérito latín, es el de un pasado lejano sin relación con el presente. Esta forma es la que hoy encontramos en el pretérito simple. Hoy en día hay normas para el uso de ambos pretéritos, pero el uso en los países hispanohablantes no es homogéneo. Sin embargo, este fenómeno no es nada sorprendente porque el mismo problema se encuentra también en otros idiomas, como hemos mostrado en el ejemplo del italiano. El italiano posee el passato prossimo y el passato remoto, tiempos equivalentes a el preterito perfecto y el Indefinido. El uso de estos dos tiempos varía de región en región. Estas diferencias tanto en el territorio hispanohablante como en Italia, rende difícil el uso correcto de los dos tiempos por los italianos que aprenden el español. De un lado están influenciados por los regionalismos de su país con el resultado que ya en su propio idioma no son capaces de diferenciar correctamente los dos tiempos. Del otro lado podrían ser confundidos escuchando diferentes usos de estos tiempos entre los hablantes españoles.

5. Bibliografía

Corpus

Maiden, Martin: *Storia linguistica dell'italiano*. Bolonia 1998.

Thibault, André: *Perfecto simple y perfecto compuesto en español preclásico*. Tubinga 2000.

Carrasco Gutiérrez: *Tiempos compuestos y formas verbales complejas*. Madrid 2008.

Obra de consulta

Werner Abraham: *Diccionario de terminología lingüística actual*. Madrid 1981.

Página web

http://www.accademiadellacrusca.it/it/lingua-italiana/consulenza-linguistica/domande-risposte/sulluso-passato-remoto. (acceso:05.03.2015).